SOCIÉTÉ D'AGRICULTURE DE LA HAUTE-GARONNE.

ÉLOGE

DE

M. LE BARON DU PÉRIER

Par M. RAYMOND-CAHUSAC.

TOULOUSE

IMPRIMERIE DOULADOURE

ROUGET FRÈRES ET DELAHAUT, SUCCESSEURS

rue Saint-Rome, 39.

—

1871.

ÉLOGE

DE

M. LE BARON DU PÉRIER,

Par M. DE RAYMOND-CAHUSAC.

ÉLOGE

DE

M. LE BARON DU PÉRIER.

―――――

MESSIEURS,

Quand le sol de la patrie est foulé par une horde de barbares , quand nos champs sont ravagés, nos villes et nos bourgades incendiées ; lorsque la moitié des populations est en proie à la misère, lorsque nos fils défient tous les jours la mort sur les champs de bataille , que l'agitation des partis , que l'impéritie des hommes nous font craindre que le lendemain, je voudrais pouvoir dire de la victoire, ne soit plus triste que le jour même du combat , je me demande si le silence de la douleur ne conviendrait pas mieux que mes paroles à la tristesse de la situation. Est-ce bien, en effet, le moment, lorsque tout menace de s'effondrer autour de nous, de détourner nos regards des malheurs communs, de songer à un autre deuil qu'à celui de la France? Convient-il de rappeler la mémoire d'un homme dont la vie tout entière fut consacrée aux recherches utiles et aux travaux paisibles? Mais j'ai dû respecter nos usages, et chercher même dans des souvenirs, hélas! bien reculés, une distraction à mes sombres préoccupations.

Jean-Henri-Victor DU PÉRIER était né le 5 juillet 1802, lorsque l'ordre succédait à peine aux agitations de la fin du dernier siècle. Il avait vu enfant la gloire et les revers de l'Empire. Il avait assisté adolescent à l'œuvre réparatrice de la branche aînée des Bourbons. Homme fait, il se mêla au mouvement politique du règne de Louis-Philippe; il vit avec une sympathie médiocre la République passagère de 1848 et le deuxième Empire. La mort lui épargna la douleur d'assister à nos hontes et à nos désastres, peut-être d'appréhender l'anéantissement de la France.

Il avait reçu à Toulouse les premiers principes des Lettres, à une époque où les maisons d'éducation étaient rares, et lorsque le bruit des armes couvrait la voix des Rhéteurs. En des jours plus calmes, il entra dans l'un des grands colléges de Paris. A l'étude des lettres, il joignit l'étude des sciences, et put ainsi frapper à la porte de cette école de haut enseignement que l'Europe nous a longtemps enviée. L'étude du droit agrandit le cercle de ses connaissances.

En 1832, il préluda à la vie publique en entrant à la Société archéologique du Midi, dont il devait devenir président. Je n'ai point, Messieurs, à apprécier ses titres à cette haute distinction; ce serait empiéter sur l'hommage qui doit être rendu à sa mémoire dans une autre enceinte : c'est de l'agriculteur que nous avons spécialement à nous occuper ici.

M. le baron du Périer hérita en 1839 du domaine de Monestrol, situé dans l'arrondissement de Villefranche. Cette propriété, enfoncée dans les terres, éloignée de toute voie facile de communication, à 8 kilomètres du Canal du Midi, était d'une exploitation difficile ; elle subissait les conséquences du grand âge de celui qui la possédait et d'une gestion déplorable, où les intérêts du maître ne venaient qu'en seconde ligne.

C'était un terrain où dominait l'élément argileux, assis sur un sous-sol peu perméable. M. du Périer pourvut d'abord à son assainissement par des fossés à ciel ouvert et des fossés pierriers, amenda la terre par des marnages et des transports, ouvrit un passage facile aux racines par des labours à la charrue de fer et des défoncements qui, sur les quatre cinquièmes de la propriété, atteignirent une profondeur de cinquante à soixante centimètres, doublant par là le rendement de ses terres. Il ne voulut pourtant jamais étendre la culture des céréales aux dépens de ses bois, sachant bien qu'après quelques années d'une fertilité problématique, ses coteaux seraient à jamais voués à une triste stérilité.

Par un captage intelligent et par un drainage largement exécuté, il avait, en même temps qu'il assainissait ses terres, formé de belles prairies qu'il appelait son parc. Des plantes abruptes, rocheuses, improductives, s'étaient, par ses soins, couvertes de riches vignobles, où il constatait quels cépages convenaient le mieux au sol et au climat.

Il préféra demander à ses étables un engrais assuré que de recourir à des engrais artificiels dont la valeur est quelquefois incertaine. Ses étables se peuplèrent donc de nombreux animaux de travail. Il cultiva, en vue de l'engraissement, des plantes tuberculeuses, établit des chaudières à vapeur, des auges à fermentation, ce qui lui permit, après cinq ou six ans de travail, de vendre ses bœufs pour l'étal sans dépréciation, de les remplacer sans déboursés, et parfois avec profit. Ses terres étaient en même temps entretenues dans un état permanent de fertilité, et il n'était plus obligé de demander aux prairies de l'Ariége l'approvisionnement de ses granges.

Notre confrère avait ainsi résolu le double problème de se pourvoir sans frais d'animaux de travail, et de s'affranchir du tribut que ses devanciers payaient à la montagne. Au lieu d'acheter du maïs, il en vendait annuellement de cinq à six cents hectolitres, et le domaine qui, avant lui, n'avait jamais produit plus de 800 hectolitres de blé, en donnait maintenant jusqu'à 1,800. Et pourtant, Messieurs, en considérant la situation faite à l'agriculture, il supputait en combien d'années sa ruine serait complète. Cette ruine, pourtant, son intelligence sut la conjurer par d'heureuses opérations étrangères aux pratiques agricoles.

En même temps que M. du Périer administrait sa fortune avec une haute intelligence, il était comme la providence de ceux qui l'entouraient. Le colon avait participé à l'augmentation des produits agricoles, il était mieux nourri, mieux logé, mieux vêtu; chez lui, l'aisance avait succédé à la misère.

Naturellement bienfaisant, M. du Périer avait groupé autour de lui de petites maisons ayant chacune un jardinet, où son nom est béni tous les jours; il avait organisé une Société cantonale de secours mutuels; il venait en aide au malheur dans toutes ses formes. On l'a vu secourir largement un agent infidèle dont la justice avait dû punir les déprédations. Il empruntait même pour prêter, et des débiteurs, connus seulement de Dieu et de lui, sont venus après sa mort déclarer des dettes pour lesquelles il n'avait point voulu recevoir de titre.

Souvent, il se servit d'une position officielle pour défendre contre l'injustice des hommes qui n'avaient d'autre titre à sa bienveillance que de l'avoir invoquée.

Il fit, avec l'ingénieur en chef du département de la Haute-Garonne, les études préparatoires des chemins qui devaient puissamment contribuer à la richesse du canton de Nailloux.

D'une santé délicate, sérieux par tempérament, il aimait la solitude et demandait à l'étude des distractions dans la souffrance ; l'étude était la compagne de sa vie. Trop rarement, Il pouvait assister à nos séances ; mais il aimait à nous communiquer le résultat de ses réflexions : c'étaient tantôt des considérations sur l'agriculture dans l'arrondissement de Villefranche, où le prix de revient est évidemment énorme et le produit faible et précaire ; il recherche les moyens de remédier à cette situation déplorable.

Il s'occupe ailleurs de la valeur des races les plus propres au labourage, et recommande l'emploi des races gasconne et garonnaise.

Ailleurs, il signale comme un désastre la perturbation qui amène sur nos marchés l'offre des lieux mêmes d'où nous venait la demande : « Nous payons, dit-il, une taxe » considérable pour avoir le droit de produire et de vendre » du blé sur tous les marchés de France », et il demande, au nom de l'équité, que le concurrent supporte une taxe égale. Il ne voit que dans l'égalité des charges un remède au mal qui nous ruine au profit de l'étranger et de quelques rares spéculateurs du littoral.

Il se fait ailleurs l'écho des plaintes du colon partiaire, du fermier, du propriétaire qui régit ou qui cultive lui-même son domaine, c'est-à-dire des deux tiers des chefs des familles françaises. Les souffrances de l'agriculture, on le voit, sont l'objet constant de ses préoccupations.

Au Conseil d'arrondissement de Villefranche, au Conseil général de la Haute-Garonne, il se fait l'avocat des intérêts agricoles ; il les soutient au sein de la Chambre consultative d'agriculture, et s'associe de toutes ses forces à la mesure réparatrice qui, sous le haut patronnage du maréchal Niel, dégreva l'arrondissement de Villefranche d'une surcharge de contributions. Nul ne rendit au sein du Conseil général plus de services à notre Société. Vous les reconnûtes en lui conférant le titre d'associé résidant.

M. le baron du Périer semblait rechercher tout ce qui lui permettait d'être utile : c'est ainsi qu'il fut nommé suppléant du juge de paix de Nailloux, emploi qui n'ajoutait certainement pas à sa considération personnelle, mais qui convenait à son naturel serviable et conciliant. Il rendit de grands services dans la Commission du classement des archives départementales ; il en rendit aussi au Conseil des bâtiments civils. La décoration de la Légion d'honneur récompensa le dévouement désintéressé qu'il avait mis au service de son pays.

Maire de la commune de Monestrol, il l'administra sagement pendant de longues années. C'est sous son toit que le desservant de la paroisse a reçu pendant sept ou huit ans l'hospitalité.

L'âme de notre collègue s'était fortifiée par les études religieuses ; sa foi s'y était ravivée, et, après une vie bien remplie, il vit approcher sans trouble son heure dernière. Ses sentiments chrétiens se manifestèrent hautement, et ceux qui entouraient sa couche funèbre, me disait un témoin auriculaire, auraient voulu sténographier les paroles qui témoignaient de ses convictions et de ses espérances.

Toulouse, Imp. Ch. Douladoure ; Rouget fr. et Delahaut, success", rue St-Rome, 39.